LA CARRIÈRE MILITAIRE

DU

CHEVALIER D'ÉON

(*Extrait du « Carnet de la Sabretache ».*)

LA CARRIÈRE MILITAIRE

DU

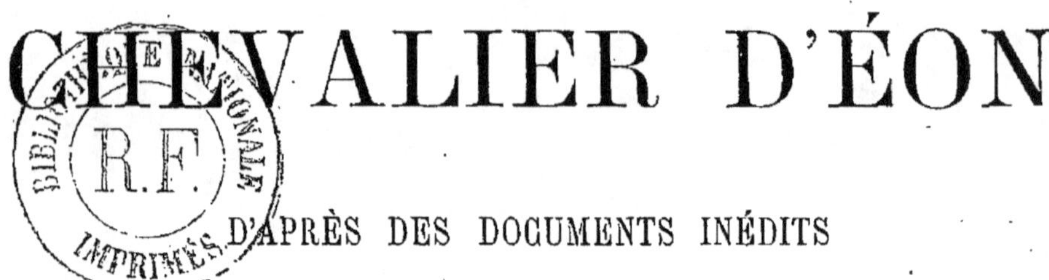

CHEVALIER D'ÉON

D'APRÈS DES DOCUMENTS INÉDITS

PAR

OCTAVE HOMBERG

AVEC PORTRAITS ET FAC-SIMILÉS

BERGER-LEVRAULT & Cie, ÉDITEURS

PARIS | NANCY
5, RUE DES BEAUX-ARTS | 18, RUE DES GLACIS

1900

Tous droits réservés

LE CHEVALIER D'ÉON

EN CAPITAINE DE DRAGONS

(D'après une estampe en couleurs de Robin de Montigny)

LA CARRIÈRE MILITAIRE

DU

CHEVALIER D'ÉON

———

Le 2 août 1757, par ordre du roi daté de Compiègne, il fut accordé au sieur d'Éon, secrétaire de l'ambassade du chevalier Douglas en Russie et agent secret du roi, un brevet de lieutenant de dragons en même temps qu'une gratification sur le trésor royal et une tabatière d'or ornée du portrait de Sa Majesté entouré de perles. C'était la récompense que Louis XV avait voulu donner au jeune diplomate qu'un trait d'audacieuse énergie venait, plus efficacement que n'auraient pu le faire les rapports élogieux qu'il apportait dans sa sacoche[2], de mettre en évidence et de signaler à la faveur royale.

Chargé par son chef de porter à la Cour l'accession de l'impératrice Élisabeth au traité de Versailles, d'Éon s'était arrêté à Vienne pour s'y rencontrer avec le comte de Broglie qui, placé par le roi depuis plusieurs années déjà à la tête de la politique

———

1. Cette étude a été faite, en grande partie, sur des documents inédits qui se trouvent en la possession de l'auteur. Les pièces qui y sont citées sans référence font partie de cette collection.

2. Le chevalier Douglas écrivait au ministre des affaires étrangères :

« ... Dans le moment que M. d'Éon était sur son départ, le chancelier le manda pour lui dire un dernier adieu et pour lui remettre une marque de la bienveillance de Sa Majesté l'Impératrice, et de la satisfaction qu'elle avait de sa conduite pendant son séjour ici. Je le chargeai de recevoir tout ce qui lui serait offert avec les témoignages de la plus respectueuse reconnaissance et de sensibilité pour le procédé particulier du ministre dont il a su gagner l'estime et l'amitié, ainsi que des plus distingués de cette cour. Son Excellence le chancelier lui remit en effet 300 ducats de la part de l'impératrice, et il accompagna le présent de termes et d'expressions si énergiques, que je charge M. d'Éon de vous rapporter mot à mot toute la conversation, et une autre qui l'avait précédée... »   (*Archives des Affaires étrangères.*)

secrète, se rendait à son ambassade de Pologne qu'il venait seulement de recevoir du ministère. Mais, à peine arrivé dans cette ville, il y apprend la victoire que, le 6 mai, les Autrichiens avaient remportée à Prague sur le roi de Prusse. Aussitôt il repart et, brûlant les étapes, épuisant ses chevaux, fait tant de diligence qu'il culbute et se casse la jambe ; il prend à peine le temps de se faire panser et, poursuivant sa route avec le même emportement, il arrive à Paris harassé, brûlant de fièvre, mais gagnant de trente-six heures le courrier expédié par le prince de Kaunitz à l'ambassadeur d'Autriche à Paris et apportant par conséquent la primeur de deux bonnes nouvelles à la fois. Le roi fut touché de ce zèle intrépide et flatté de le rencontrer chez un diplomate admis à son secret ; il envoya au messager éclopé, en même temps que brevet, tabatière et gratification, son propre chirurgien.

L'âme ardente de d'Éon aida à la guérison qui fut prompte et, grâce à sa jambe cassée, le jeune homme se trouva lieutenant de dragons, s'étant fait remarquer et ayant, au propre comme au figuré, le pied à l'étrier.

Il n'en resta pas moins dans la diplomatie où il n'avait eu encore que des succès et, pendant plusieurs années, il n'appartint à l'armée que d'une manière honorifique.

A peine guéri, en effet, d'Éon était reparti pour la Russie où le chevalier Douglas et le nouvel ambassadeur, le marquis de l'Hospital, le réclamaient à l'envi. L'impératrice Élisabeth était fort dépitée d'avoir vu Louis XV repousser ses avances et prétexter de scrupules religieux pour refuser d'être le parrain du nouveau-né de la grande-duchesse à qui elle devait elle-même servir de marraine. Le marquis de l'Hospital, craignant que la blessure faite à un amour-propre royal et féminin ne fût habilement envenimée par le parti hostile à la France dont Bestucheff était l'inspirateur, se montrait fort impatient de voir revenir d'Éon qu'il savait agréable à l'impératrice et grand connaisseur des hommes et des choses de la cour. L'adroit secrétaire ne trompa point la confiance de son chef ; il connaissait à merveille les intrigues d'un palais où lui-même manœuvrait depuis deux ans qu'il y était arrivé secrètement (costumé en femme si l'on en croit les mémoires du temps) pour travailler à un premier rapprochement entre le roi et la tsarine ; aussi fit-il si bien que le parti du vice-chancelier Woronzow, favorable à la France, reprit le dessus et se trouva vite assez fort pour s'attaquer au tout-puissant chancelier et le perdre. Le 24 février 1758, alors que d'Éon, revenu à peine depuis quelques semaines, avait déjà remué ciel et terre à Saint-Pétersbourg, Bestucheff fut arrêté en plein conseil par ordre de la tsarine et la saisie de ses papiers fit découvrir une correspondance secrète avec le roi de Prusse qui lui valut d'être envoyé au fond de la Sibérie. Il se trouva du reste que par ce coup d'audace d'Éon avait, sans le savoir, sauvé sa propre tête ; un secrétaire de l'ambassade du marquis de l'Hospital, La Messelière, raconte dans la très curieuse relation qu'il a laissée de son séjour en Russie qu'on découvrit dans ces papiers compromettants saisis chez le chancelier une liste des personnes dangereuses dont il importait de se défaire et qu'en tête de la nomenclature figurait « le petit d'Éon »[1].

Woronzow recueillit la succession de son rival et sous sa direction la politique de la Russie devint plus favorable aux intérêts français. Le nouveau chancelier voulut même s'attacher le personnage qui avait si habilement servi sa fortune et d'Éon fut de nouveau sollicité — comme il l'avait été lors de sa première mission près de la tsarine — de passer au service de la Russie. La demande en fut faite officiellement à l'abbé de Bernis par le marquis de l'Hospital, sur la prière de Woronzow, et le ministre français n'eût pas été fâché, à ce qu'il semble, de s'assurer ainsi des intelligences jusque dans l'entourage d'Élisabeth. Mais d'Éon ne consentit pas à quitter le service de son pays ; il déclara que « tous ses désirs et ses deux yeux restaient continuellement fixés sur sa patrie ; qu'il aimait mieux ne posséder que de quoi vivre en France que d'avoir cent mille livres de rente à manger dans la crainte et l'esclavage ; ajoutant enfin que, s'il avait un frère bâtard, il l'engagerait à prendre cette place, mais que lui, qui était légitime, était bien aise d'aller mourir comme un chien fidèle sur son fumier natal ».

---

1. La Messelière, *Voyage à Pétersbourg* (Paris, 1803).

Il était d'ailleurs las de la Russie : dès le mois d'avril de l'année 1758, quelques semaines à peine après y être revenu, comblé des témoignages de la confiance et de la faveur du roi, il écrivait de Saint-Pétersbourg au maréchal de Belle-Isle :

On peut aller à la guerre, y être fait prisonnier, y être blessé, y être tué même, tout cela n'est rien en comparaison de demeurer en Russie et de ne pas savoir quand on en sortira.

En conséquence, je vous suplie, Monseigneur, puisque vous avez eu la bonté de me créer lieutenant réformé à la suite du Colonel-Général-Dragons, de m'accorder cette année le brevet de capitaine. J'ose vous rappeller, Monseigneur, qu'avant mon départ de Fontainebleau vous avez demandé à M. de Paulmi cette grâce pour moi, il répondit qu'il falloit auparavant être lieutenant. Tous les obstacles sont levés, je commence déjà à devenir un ancien lieutenant, j'ai 31 ans et aujourd'huy vous êtes, Monseigneur, le maître absolu du département de la guerre. Il auroit été bien à souhaiter que vous l'eussiez toujours été pour la gloire du Roy et le bonheur de l'État. Comme bon citoyen je fais en mon particulier les vœux les plus ardens pour que le ciel nous conserve bien longtemps votre santé qui de jour en jour devient plus chère à la France.

D'Éon ne tarda pas à obtenir satisfaction, puisque moins de trois mois après l'envoi de sa requête il recevait une commission de capitaine réformé à la suite de son régiment[1]. Cet avancement rapide lui fit prendre quelque patience et la faveur royale qui le mettait en relief l'aida dans les négociations et les intrigues de

---

1. Voici, tel qu'il a été reproduit dans la biographie composée par La Fortelle sous les yeux mêmes du chevalier, le texte de cette commission :

« Louis, par la grâce de Dieu, roi de France et de Navarre,

« A notre cher et bien-aimé le sieur Charles-Geneviève-Louis-Auguste-André-Timothée d'Éon de Beaumont, lieutenant réformé à la suite du régiment du colonel général de nos dragons, salut.

« Mettant en considération les services que vous Nous avez rendus dans toutes les occasions qui s'en sont présentées et voulant vous en témoigner Notre satisfaction : A ces causes et autres à ce Nous mouvans, Nous vous avons commis, ordonné et établi, commettons, ordonnons et établissons, par ces présentes signées de Notre main, capitaine réformé à la suite dudit régiment, pour y servir en ladite qualité, nonobstant ce qui est porté par le sixième article de Notre ordonnance du 29 février 1728, sous Notre autorité et sous celle de Notre très cher et bien-aimé cousin le duc de Chevreuse, colonel général de Nos dragons, et de Notre très cher et bien-aimé cousin le duc de Coigny, mestre de camp général d'iceux, la part et ainsi qu'il vous sera par Nous ou Nos lieutenants généraux, commandé et ordonné pour Notre service ; de ce faire vous donnons pouvoir, commission, autorité et mandement spécial. Mandons au

toutes sortes qu'il menait à Saint-Pétersbourg. Toutefois, un an après il était de nouveau découragé et d'autant plus fatigué de la Russie que le climat avait gravement éprouvé sa santé.

Votre Excellence sait, écrivait-il le 23 juillet 1760 à son ambassadeur, le marquis de l'Hospital, que je n'ai jamais eu envie de faire longtemps le métier de secrétaire. Elle connoît ma famille, l'envie que j'ay de travailler et de me rendre utile au service du Roy. En acquérant encore quelques connoissances de plus dans la Politique je puis aspirer à faire quelque chose de mieux que le métier de Scribe et de Pharisien.

A ses protecteurs il écrivait que la neige lui avait gâté la vue [1] et que le climat lui avait donné le scorbut. Aussi se fit-il donner par son ambassadeur la commission de porter à Versailles l'accession de l'impératrice Élisabeth au nouveau traité du 30 décembre 1758 et les ratifications de la convention maritime de la Russie, de la Suède et du Danemark ; il quitta Saint-Pétersbourg au mois d'août, malade et décidé à ne plus retourner en Russie. Arrivant comme la première fois porteur de bonnes nouvelles, il fut de nouveau très bien reçu. Le duc de Choiseul lui fit accorder une pension de 2,000 livres sur le trésor royal et promit de s'occuper de sa carrière. Mais d'Éon n'en avait pas seulement assez de la Russie : il était fatigué aussi des ambassades et rêvait d'au-

---

sieur de Goyon, mestre de camp lieutenant dudit régiment et en son absence à celui qui le commande de vous recevoir et de vous faire reconnoître en ladite qualité de capitaine réformé, et à tous qu'il appartiendra, qu'à vous en ce faisant soit obéi : car tel est Notre plaisir.

« Donné à Versailles le 22e jour de juillet l'an de grâce 1758 et de Notre règne le quarante-troisième.

« Signé : Louis. »

Et plus bas :

« Par le Roi :

« Signé : De Voyer. »

1. D'Éon, qui avait l'humeur et aussi l'imagination aventureuses, a des récits stupéfiants sur les effets des paysages neigeux en Russie. Il raconte qu'on a observé dans une certaine partie de la Sibérie « une horde de Tartares Calmouks qui ne voient presque pas lorsqu'il fait soleil, mais qui, pendant la nuit, ont la vue très pénétrante. Ce sont des espèces de chauves-souris ambulantes qui tuent les passans lorsqu'elles volent. »

(*Lettres, mém. et nég.*, III.)

tres champs de bataille. Deux ans auparavant, son chef dans la diplomatie secrète, le comte de Broglie, préférant la guerre aux intrigues ténébreuses qu'on lui faisait conduire, avait sollicité du roi la permission de reprendre son service à l'armée. D'Éon voulait suivre cet exemple ; il en avait formé le projet dès Saint-Pétersbourg et, ayant pris son ambassadeur pour confident, s'était fait donner par le marquis de l'Hospital une lettre de recommandation auprès du maréchal de Belle-Isle :

De Saint-Pétersbourg, le 23 août 1760.

Monseigneur et mon Maître,

J'ai l'honneur de vous présenter M. d'Éon. Sa misérable santé dépérit chaque jour et l'a obligé de me demander à retourner en France. Ses médecins lui ont dit que l'air natal pouvoit seul lui éviter la mort, dont ils le menaçoient s'il restoit plus longtemps en ces rudes climats. Je ne puis assez, Monseigneur, vous rendre compte de son mérite, de son travail, de sa probité et de la reconnoissance respectueuse qu'il conserve pour vous. M. d'Éon, qui est né avec de l'élévation et des sentiments de valeur, paroît destiné à suivre la carrière militaire. Il étoit lieutenant de dragons en venant ici, vous lui avez accordé ensuite, Monseigneur, le grade de capitaine dans le Colonel-Général des dragons. Il désire avec passion pouvoir être capitaine en pied en achetant une compagnie. Le sujet est excellent, vous devez vous ressouvenir, Monsieur le Maréchal, qu'en 1757 il vous a porté un traité et la relation de la bataille sous Prague avec une jambe cassée et avec une diligence qui vous étonna. Vous aimez les sujets de cette trempe, ainsi couronnez votre ouvrage. Le cabinet l'a épuisé et désormais une vie active peut également satisfaire son goût pour la guerre et lui rendre la santé qu'il a perdue par son travail et une vie trop sédentaire. Je vous supplie donc, Monseigneur, de continuer votre protection à M. d'Éon. Vous ferez ainsi sa fortune et vous lui conserverez la vie. Au demeurant je vous réponds que M. d'Éon ne fera jamais déshonneur à ses protecteurs. Il vous offrira avant tout ses services lorsqu'il aura été à Tonnerre et que sa santé sera rétablie. Il est menacé d'un dépérissement total : mais j'espère qu'il reprendra des forces en voïageant et à mesure qu'il s'approchera de la France.

Sa santé était, en effet, si atteinte, qu'il dut attendre plusieurs mois avant de pouvoir réaliser son projet. Enfin, au mois de fé-

·vrier 1761, il peut demander au duc de Choiseul, ministre de la
guerre, « de lui permettre de servir pendant la campagne pro-
chaine en qualité d'aide de camp de M. le maréchal et de M. le
comte de Broglie à l'armée du Haut-Rhin et de lui accorder une
lettre de passe à la suite du régiment d'Autichamp-Dragons qui
sert dans la même armée, le régiment du colonel général étant
emploïé cette année-là sur les côtes ».

Le ministre se montra tout disposé à lui donner satisfaction et
à l'envoyer à l'armée, mais ce n'était pas assez pour d'Éon
de recevoir cette destination officielle, il lui fallait encore l'agrément particulier du roi dont il n'avait cessé d'être l'agent secret
durant ses séjours en Russie. Le comte de Broglie dont il voulait
devenir l'aide de camp et qui aussi bien continuait à suivre de
l'armée les affaires de la politique secrète, soumit son désir au
souverain et en obtint cette réponse :

A Marly, ce 31 mai 1761.

... Je ne sache point que nous aïons présentement besoing du sieur
d'Éon, ainsy vous pourrez le prendre pour aide de camp, et d'autant
mieux que nous sçaurons où le prendre si cela étoit nécessaire [1].

D'Éon fut nommé aussitôt [2] et partit sans délai pour l'armée,
mais non sans avoir tenu à annoncer lui-même son départ aux
chefs du régiment à la suite duquel il avait figuré et avec lesquels
il entretenait des relations fort courtoises, bien qu'il n'eût jamais

---

1. Boutaric (*Correspondance secrète de Louis XV*, t. Ier, p. 265).
2. Voici le texte de la lettre de passe qui l'envoyait à l'armée :

« De par le Roi,

« Sa Majesté ayant jugé à propos de retirer du colonel général de ses dragons le sieur
Charles-Geneviève-Louis-Auguste-André-Timothée d'Éon de Beaumont qui y est capitaine réformé et voulant s'en servir ailleurs, Elle lui ordonne de se rendre incessamment à la suite du régiment de dragons d'Autichamp pour y servir dorénavant en
ladite qualité de capitaine réformé, et y être entretenu et payé de ses appointemens
en ladite qualité, sur le pied de six cents livres par an, en passant présent aux revues
qui seront faites dudit régiment : Son intention étant qu'il conserve le rang qui lui
appartient dans Ses troupes de dragons, en vertu de sa commission de capitaine.

« Fait à Marly, le 18 mai 1761.
« Signé : Louis. »

Et plus bas :

« Le Duc de Choiseul. »

partagé leur vie et leurs exercices [1]. Il en reçut les réponses les plus empressées.

Le duc de Chevreuse, colonel général des dragons, lui écrivit de Dampierre, le 10 juin 1761 :

J'ay reçu, Monsieur, la lettre que vous m'avez écritte de Chalons le 2 de ce mois. Je suis fort aise que vous ayez trouvé un moyen d'estre employé cette année ; le régiment du colonel général ne servant point à l'armée, l'expédient que vous avez trouvé de passer à la suitte de celuy d'Autichamp étoit le seul qui pût vous mettre à portée de ne pas faire la campagne tout à fait à vos dépens et je ne puis m'empêcher d'y donner toutte mon approbation, quelque désir que j'eusse de vous conserver dans le Colonel-Général. Je vous prie de ne jamais douter de l'envie que j'auray dans tous les temps de trouver des occasions de vous être bon à quelque chose, et de vous donner des preuves de tous les sentimens avec lesquels je suis, Monsieur, votre très humble et très obéissant serviteur.

Le Duc de Chevreuse.

Le marquis de Caraman, colonel commandant du Colonel-Général-Dragons :

J'ai reçu, Monsieur, la lettre que vous m'avés fait l'honneur de m'écrire. Je suis très fâché que les circonstances vous ayent obligé à quitter le Régiment, j'aurois été très aise de vous y voir. Je ne puis en même tems m'empêcher d'approuver vos raisons et je félicite mes anciens camarades d'avoir fait une aussi bonne acquisition. Je vous prie d'être persuadé, Monsieur, des sentimens avec lesquels j'ai l'honneur d'être votre très humble et très obéissant serviteur.

Le Marquis de Caraman.

---

1. Il avait cherché des fourrures en Russie pour le duc de Chevreuse, colonel général des dragons, ainsi qu'en témoigne le billet suivant :

« A Paris, ce 23 novembre 1760.

« Je reçois, Monsieur, vostre lettre et la peau d'écureüil volant de Sibérie que vous me faittes le plaisir de m'envoyer. Elle est très belle et je vous en rends mille grâces, mais je vous suplie de vouloir bien m'en mander le prix, parce que je la garderay avec soin et n'en feray aucun usage jusqu'à ce que vous m'ayez fait le plaisir de me le marquer.

« Je vous prie de ne jamais douter de tous les sentimens avec lesquels je suis plus que personne, Monsieur, votre très humble et très obéissant serviteur.

« Le Duc de Chevreuse. »

Enfin le capitaine de Chambry lui envoyait, le 29 juin, de Charente, où venait d'arriver le régiment, ses félicitations :

J'ai reçu, Monsieur, la lettre que vous m'avez fait l'honneur de m'écrire : en vous perdant je ne puis que vous féliciter et prendre part au nouvel agrément dont vous jouissez dans la lettre de passe que M. le duc de Choiseüil vous a accordée. C'est d'autant plus gracieux que la même chose a été refusée à M. de Chevreuse pour un capitaine qui est à la suitte du Régiment. M. Eudo, notre lieutenant-colonel, a reçu votre lettre et est très fâché ainsi que moi de la perte que nous faisons. Ce seroit pour lui un bien plus grand déplaisir s'il avoit eu l'honneur de vous connoître ainsi que moi, autrement que par lettres. M. le marquis de Caraman m'avoit parlé de vous quelque temps auparavant et se fesoit une fête de vous connoître plus particulièrement. Je me serois chargé avec bien du plaisir de tout ce dont vous me mandiez pour M. de la Messellière, mais je passe après-demain dans l'isle d'Oleron avec cent dragons et ne sçai point encore combien de temps durera ce détachement, j'espère que nous nous reverons l'hiver prochain à Paris ou à Londre. Conservez-moi toujours la même amitié et soiez persuadé des tendres sentiments avec lesquels j'ai l'honneur d'être, Monsieur et cher ami, votre très humble et très obéissant serviteur.

De Chambry.

Ces lettres rejoignirent d'Éon à l'armée de Broglie, où, à peine arrivé, il eut à payer de sa personne. A Höxter on lui confie l'évacuation des poudres et des effets du roi qui étaient restés dans la place : il en charge les bateaux qui étaient sur les bords du Weser et passe le fleuve à diverses reprises sous le feu de l'ennemi. Peu de temps après, dans un engagement qui eut lieu à Ultrop, près de Soeft, il est blessé à la tête et à la cuisse. Le 7 novembre 1761, à la tête des grenadiers de Champagne et des Suisses, il attaque les montagnards écossais qui s'étaient embusqués dans les gorges de montagnes voisines du camp d'Himbeck, il les déloge et les poursuit jusqu'au camp des Anglais. Enfin à Osterwick, prenant le commandement d'une petite troupe d'un peu plus de cent dragons et hussards, il charge avec intrépidité le bataillon franc prussien de Rhées qui, établi près de Wolfenbüttel, coupait les communications de l'armée française, et son attaque est si prompte que l'ennemi débandé met bas les armes et qu'il se trouve avoir fait près de huit cents prisonniers. Le prince Xavier de Saxe profita de cette action hardie pour faire avancer ses troupes et s'emparer de Wolfenbüttel. Tous ces hauts faits que d'Éon racontait complaisamment et qu'il fit enregistrer par son biographe La Fortelle sont du reste attestés par le certificat qu'en quittant l'armée il se fit donner par le maréchal et le comte de Broglie :

Victor-François, duc de Broglie, prince du Saint-Empire, maréchal de France, chevalier des Ordres du Roi, commandant en Alsace, gouverneur des ville et château de Béthune et commandant l'armée française sur le Haut-Rhin ;

Et Charles, comte de Broglie, chevalier des Ordres du Roi, lieutenant-général de ses armées et maréchal général des logis de celle du Haut-Rhin ;

Nous certifions que M. d'Éon de Beaumont, capitaine au régiment d'Autichamp-Dragons, a fait la dernière campagne avec nous en qualité de notre aide de camp ; que pendant le courant de ladite campagne nous l'avons chargé fort souvent d'aller porter les ordres du général et que dans plusieurs occasions il a donné des preuves de la plus grande intelligence et de la plus grande valeur, notamment à Höxter en exécutant, en présence et sous le feu de l'ennemi, la commission périlleuse de l'évacuation des poudres et autres effets du Roi ; à la reconnoissance et au combat près d'Ultrop où il a été blessé à la tête et à la cuisse, et près d'Osterwick où, s'étant trouvé second capitaine d'une troupe de quatre-vingts dragons, aux ordres de M. de Saint-Victor, commandant les volontaires de l'armée, ils chargèrent si à propos et avec tant de résolution le bataillon franc prussien de Rhées qu'ils le firent prisonnier de guerre, malgré la grande supériorité de l'ennemi ; en foi de quoi nous lui avons délivré le présent certificat, signé de notre main, et y avons fait apposer le cachet de nos armes.

Fait à Cassel, le 24 décembre 1761.

Signé : Le Maréchal duc DE BROGLIE.

Le Comte DE BROGLIE.

Et plus bas :

Par Monseigneur,

Signé : DROUET.

L'original de ce certificat a été perdu, mais d'Éon lui-même en publia le texte à Londres en 1764, lors de ses démêlés avec le comte de Guerchy, le maréchal et le comte de Broglie étant encore vivants et mêlés aux affaires, et l'exactitude de ce témoignage n'est pas douteuse.

C'est qu'en effet d'Éon s'était rencontré à l'armée de Broglie avec un personnage qui devait exercer plus tard une influence décisive sur sa destinée, briser sa carrière régulière et le lancer dans une série d'aventures plus étranges les unes que les autres, où il devait ruiner ses brillantes qualités et perdre, en une extravagante métamorphose, jusqu'à sa dignité d'homme. Le comte de Guerchy, futur ambassadeur de France en Angleterre, était alors lieutenant-général dans l'armée du maréchal de Broglie; le 19 août 1761, jour où l'armée française exécutait le passage du Weser sous Höxter, le capitaine d'Éon fut chargé par son chef de lui porter l'ordre suivant :

Ordre du général.

M. le Maréchal prie M. le comte de Guerchy de faire prendre sur-le-champ par toutes les brigades d'infanterie qui sont à la rive droite du Weser quatre-cens mille cartouches qui s'y trouvent, qu'un garde-magasin de l'artillerie leur fera distribuer, à l'endroit où M. d'Éon porteur de ce billet les conduira.

Fait à Höxter, le 19 août 1761.

Signé : Le comte DE BROGLIE.

P.-S. — Il seroit bon qu'il vînt sur-le-champ un officier-major avec M. d'Éon, pour faire cette distribution aux troupes sous vos ordres.

Est-il vrai, comme d'Éon le raconta plus tard dans les libelles qu'il fit paraître à Londres contre l'ambassadeur, que le comte de Guerchy se contenta de mettre l'ordre dans sa poche et de dire à d'Éon : « *Monsieur, si vous avez des poudres, vous n'avez qu'à les faire porter au parc d'artillerie, vous le trouverez à une demi-lieuë d'ici* », qu'en dépit de la discipline, le jeune aide de camp dut galoper après le lieutenant-général pour lui reprendre l'ordre et se charger tout seul de remplir les intentions du maréchal ? Le comte de Guerchy se garda naturellement d'en convenir, traita de folle invention toute cette histoire, et le témoignage tardif et intéressé d'un être aussi passionné et peu sincère que d'Éon ne peut être accepté que sous bien des réserves.

Quoi qu'il en soit, il était curieux de noter cette première rencontre sur le champ de bataille de deux officiers qui devaient, trois ans plus tard, réunis dans la même ambassade, se brouiller avec tant d'éclat et étonner par le scandale de leur querelle l'Europe tout entière.

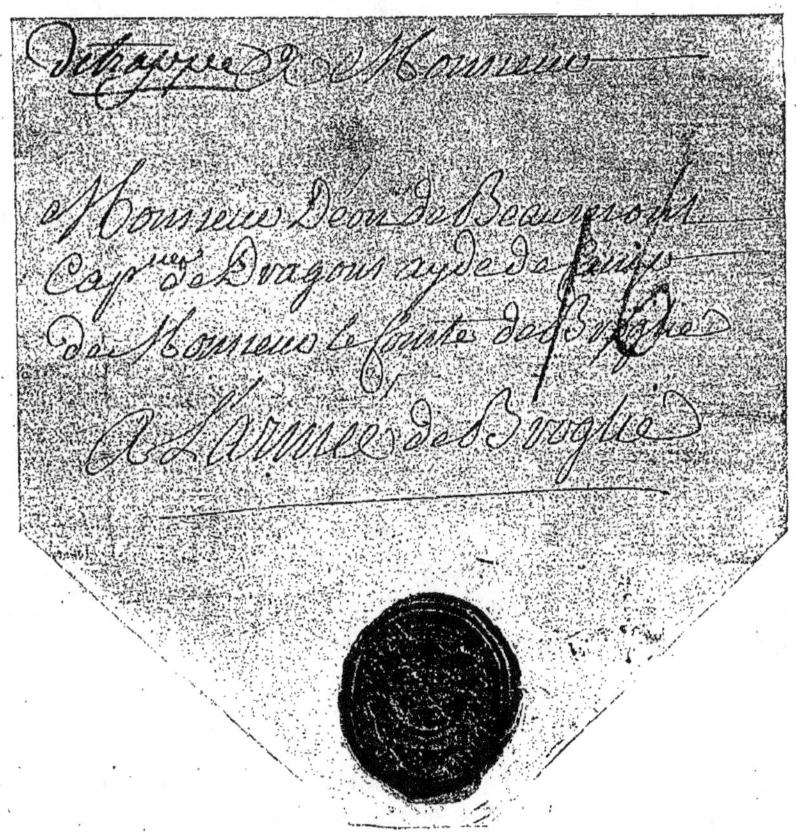

(Enveloppe d'une lettre adressée à d'Éon par le duc de Chevreuse, colonel général des dragons. Le cachet est aux armes du duc.)

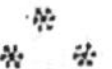

Mais en dépit de sa belle conduite militaire et du goût qu'il prenait à faire, sur de vrais champs de bataille, le métier de dragon après avoir fait dans les chancelleries ce qu'il appelait « le métier de scribe et de pharisien », d'Éon n'avait pu attendre, pour quitter l'armée, les préliminaires de la paix qui furent signés au mois de septembre 1762. Dès la fin de décembre 1761, un ordre du ministère l'avait fait revenir à Paris ; il était question de le renvoyer à Saint-Pétersbourg, où il avait fait avec tant de bonheur ses premières armes diplomatiques, et de lui donner la succession du baron de Breteuil. Une fois encore il allait changer de carrière, mais en y gagnant un nouvel avancement. Il partit donc de Cassel, où il se trouvait avec l'état-major du maréchal de Broglie, emportant le certificat qui relatait ses belles actions militaires et arriva en France, capitaine de dragons en congé, dans les premiers jours de l'année 1762. Mais pendant qu'il était en route, Élisabeth Petrowna, impératrice de Russie, mourut, emportant dans sa tombe l'ambassade de d'Éon. Si, en dépit de l'infériorité de son grade et de la petitesse de sa naissance, il s'était trouvé désigné aux yeux du ministre et du roi pour remplir une mission de confiance auprès de la tsarine qui le connaissait depuis plusieurs années et à maintes reprises lui avait marqué sa bienveillance, l'avènement d'un nouveau souverain à Saint-Pétersbourg effaçait ces raisons particulières, et toutes les barrières de caste et de hiérarchie se redressaient contre l'ambition de l'ardent Bourguignon. Au mois de juin, le pauvre capitaine voyait son sort toujours en suspens ; il se rongeait d'impatience et, pour le calmer, son colonel, le marquis d'Autichamp, lui écrivait d'Erfurt que le ministre venait de lui supprimer ses appointements.

A Erfurt, le 8 juin 1762.

J'ai reçu hier, mon cher d'Éon, une prolongation de congé de quatre mois pour vous, mais avec la clause de perdre vos appointemens. Je vous en préviens afin que vous travailliez à vous faire donner quelque chose qui vous en dédommage et par-delà, n'étant pas juste que, restant à Paris et à Versailles sans le désirer et par ordre, ce soit encore aux dépens de vos appointemens.

Il est nécessaire que vous m'adressiez incessamment votre commission de colonel général, la lettre de passe n'a pas suffi au trésorier pour délivrer vos appointemens ; il veut votre commission ; ainsi envoïez-la-moi, je vous prie, dans un paquet contre-signé. M. de Choiseul à qui j'avois écrit sur vos fourrages m'a marqué que, comme

capitaine réformé, vous ne deviez en avoir que quatre places ; et qu'il
ne vous en revenoit que deux, aïant été absent l'hiver. Voilà, mon
cher d'Éon, les ordres suprêmes. Je suis fâché d'être obligé de les
exécuter, puisqu'ils sont contre vos intérêts : mais faites-vous faire
ambassadeur et vous pourrez alors vous consoler du petit tort que l'on
vous fait. Si mes désirs là-dessus, ainsi que sur tout ce qui vous inté-
resse, peuvent y influer, il ne vous resteroit sûrement rien à désirer.
Je vous prie d'en être persuadé, ainsi que du très sincère et parfait
attachement, avec lequel j'ai l'honneur d'être, mon cher d'Éon, votre
très humble et très obéissant serviteur.

D'Autichamp.

En publiant cette lettre deux ans plus tard dans le livre qu'il
fit paraître à Londres contre le comte de Guerchy, d'Éon y ajouta
la note suivante qui résume, en termes plus pittoresques que
ceux que nous pourrions employer, l'histoire de son retour de
l'armée dans la diplomatie :

Note pour mon Colonel.

Je suis parti de Cassel, comme vous savez, mon cher Colonel, tout à
la fin de décembre 1761 avec MM. le maréchal et comte de Broglie
pour aller à Paris, parce qu'il étoit question alors de me renvoïer en
Russie pour la quatrième fois. Mais Dieu qui tient dans le creux de sa
main la destinée des empereurs, des généraux et des capitaines de dragons, qui élève et renverse les quatre globes du monde avec autant de
facilité qu'un enfant qui fait voler en l'air des globules de savon, ce
grand Dieu ne fit que souffler et aussitôt une violente colique hémor-
roïdale tomba au nord sur la tête de Pierre III et le précipita dans le
tombeau. En occident une lettre de cachet très fatale à la France vint
fondre sur la maison de Broglie, et le seul grand général des Gaules
fut en pleine guerre relégué en Normandie, la légion britannique en
fit des feux de joie, et tout Albion dansa comme un mouton.

Pendant ce temps-là le baron de Breteuil, qui n'étoit encore qu'à
Warsovie, eut ordre de retourner à Pétersbourg et moi je fus retenu à
Paris et à Versailles pour aller travailler à Londres sous les ordres de
M. le duc de Nivernois au grand ouvrage de la paix. Si j'eusse été
prophète, mon cher Colonel, j'aurois cent fois prefféré le détachement
de Gottingen, où M. le Maréchal avoit envie de m'envoïer pour y passer le quartier d'hiver, j'aurois cent fois mieux aimé m'être fait tuer

aux environs de ses remparts avec notre ami de Lares et ses braves volontaires[1].

En effet, au lieu d'envoyer d'Éon en Russie où l'on s'était décidé à laisser le baron de Breteuil, le ministère avait songé à utiliser, dans les négociations de la paix, la hardiesse entreprenante et l'habileté heureuse du dragon diplomate[2]. Le duc de Choiseul l'avait donné pour secrétaire au duc de Nivernais, choisi comme le diplomate le plus subtil et le plus adroit de toute la France pour aller négocier une paix difficile avec les Anglais. Celle-ci fut obtenue avec une promptitude qui surprit tout le monde et enchanta la cour de Versailles, car, chose étrange, ce désastreux traité de 1763, qui nous coûtait tout un magnifique empire colonial plein de promesses plus magnifiques encore, fut accueilli en France par des transports, tandis qu'il soulevait en Angleterre une véritable réprobation. Choisi — faveur sans précédent et à laquelle le ministère français se refusa d'abord à croire — par le roi d'Angleterre pour porter à Versailles les ratifications de la paix, le chevalier d'Éon reçut comme diplomate la croix de Saint-Louis qu'en dépit de ses brillants faits d'armes il n'avait pas eu le temps de trouver sur les champs de bataille. Désigné peu de temps après pour faire, en qualité de ministre plénipotentiaire, l'intérim de l'ambassade de France à Londres, il se trouva à l'apogée de sa fortune. En moins de deux ans il était devenu, de petit secrétaire et de simple capitaine de dragons, représentant du roi près la cour de Londres et se trouvait, dans le poste le plus important et le plus difficile, chargé de tenir une situation particulièrement délicate.

Mais le pauvre d'Éon ne se maintint pas longtemps au sommet si rapidement atteint et, bien qu'il ne fût pas alors à la moitié de sa vie, il était condamné à ne plus recevoir d'avancement ni dans l'armée ni dans la diplomatie.

Il faudrait de longues pages pour démêler les fils de la surpre-

---

1. *Lettres, mémoires et négociations.* Londres, 1764, III⁰ partie, p. 33.
2. Le duc de Brissac, écrivant au duc de Nivernais pour le féliciter de la mission qu'on lui confiait en Angleterre, ajoutait à sa lettre : « Je vous recommande M. d'Éon ; mon fils m'a dit que c'étoit un véritable dragon à l'armée et au cabinet. »

nante et complexe intrigue où vint s'accrocher et se perdre la
fortune jusque-là si brillante du chevalier d'Éon. Démêlés reten-
tissants et scandaleux avec son nouveau chef, le comte de Guerchy, qui l'accusait d'avoir, à ses dépens, mené pendant l'entr'acte
un train d'ambassadeur ; persécutions de la part du ministère qui
devinait en lui un agent secret du roi et alla, dit-on, jusqu'à ten-
ter de le faire empoisonner pour se procurer les papiers de la
correspondance secrète — d'Éon fit du bruit de tout et du scandale comme jamais n'en avait fait diplomate ; mais n'améliora pas
ainsi sa situation. Il ne se résignait pas, du reste, à redescendre
au rôle de secrétaire après avoir joué l'Excellence et à redevenir,
comme il le disait, « d'évêque meunier ». Pour n'avoir pas voulu
descendre d'un degré, il dégringola tout à fait, se vit fermer à
jamais toute carrière régulière et, bien qu'il continuât ses relations secrètes avec le roi et fût chargé parfois d'importantes mis-
sions [1], il se trouva réduit à finir sa vie en aventurier.

Son existence alors devient extraordinaire et dépasse ce que
pourrait concevoir l'imagination du romancier le plus extrava-
gant. Pour rentrer en France, pour se mettre à l'abri des ven-
geances qui le poursuivaient, pour faire augmenter sa pension
par le roi et aussi pour ramener encore à lui l'attention publique
qui commençait à se lasser de ses histoires, d'Éon en vint, tirant
parti de sa figure imberbe, de son apparence gracile et de l'expérience que jadis les intrigues de la cour de Russie lui avaient
donnée en matière de déguisements, à se faire passer pour femme.
Il réussit si bien à tromper son monde que tous les émissaires en-
voyés de France pour négocier avec lui la restitution des papiers
secrets qu'il conservait soigneusement y furent pris, depuis le naïf
Drouet, secrétaire du comte de Broglie, jusqu'à Beaumarchais, le
sceptique auteur du *Mariage de Figaro*. Aussi, l'opinion que le
chevalier d'Éon était réellement femme s'accrédita-t-elle si bien à
Versailles, que Louis XVI, lorsque après son avènement il voulut
mettre fin à l'intrigue de la correspondance secrète, lui imposa

---

1. Au plus fort du scandale qu'il soulevait à Londres par la publication de ses
libelles contre le comte de Guerchy, d'Éon ne cessait de poursuivre, avec l'ingénieur
La Rozière, que Louis XV lui avait secrètement adressé, l'étude d'un projet de débar-
quement en Angleterre.

LA CHEVALIÈRE D'ÉON

D'après la copie d'un pastel de LATOUR.

pour condition de son retour en France de « reprendre les habits de son sexe » — ce qu'il exécuta avec une répugnance habilement feinte. Il ne devait plus du reste changer de personnage jusqu'à sa mort, ou plutôt jusqu'à l'autopsie qui fut faite de son cadavre ; cette extravagante mascarade dura trente-trois ans, sans qu'une seule fois d'Éon en révélât ou en laissât deviner le secret.

Le 21 octobre 1777, « jour de Sainte-Ursule », ainsi qu'il prend soin de le noter dévotement comme la date de sa conversion, le chevalier d'Éon, ancien capitaine de dragons et ancien ministre plénipotentiaire de France à la cour de Londres, se trouva femme, obligé à revêtir les atours que mademoiselle Bertin, la célèbre marchande de frivolités, lui confectionnait aux frais de Marie-Antoinette et autorisé à porter sur son corsage la croix de Saint-Louis — tous ces points ayant été réglés par l'ordre du roi et le traité passé à Londres, le 5 octobre 1775, entre « Pierre-Augustin Caron de Beaumarchais, chargé des ordres particuliers de Sa Majesté, et demoiselle d'Éon de Beaumont, fille majeure, connue jusqu'à ce jour sous le nom de chevalier d'Éon, ancien capitaine de dragons... ».

La métamorphose causa naturellement grande stupéfaction, mais, en dehors de quelques habitants de Tonnerre qui avaient de bonnes raisons pour ne pas démordre de leur première opinion, ne trouva pas d'incrédules obstinés. Le sexe désormais officiel de la « chevalière d'Éon » fut accepté et respecté. L'intéressé se prêtait d'ailleurs à le confirmer, et la contrainte même qu'il affectait ainsi que sa difficile résignation à sa nouvelle existence n'étaient que des ruses plus savantes pour cacher le subterfuge. Il trouvait à jouer cette comédie, en outre de la sécurité de son séjour en France et du paiement d'une pension devenue son unique ressource, un regain de la popularité dont il avait toujours été passionnément friand. Pareille métamorphose jetait un nouvel et combien plus brillant éclat sur sa vie passée : ce qui n'avait paru que hardi et courageux tant qu'on l'avait cru exécuté par un homme devenait héroïque depuis qu'on le savait accompli par une femme. Le chevalier d'Éon partageait avec bien d'autres le mérite d'avoir fait bravement son devoir sur les champs de bataille, mais la « chevalière » était une héroïne unique, et les comtemporains ne trouvèrent que Jeanne d'Arc ou Jeanne Hachette pour lui être comparées.

Les anciens camarades de d'Éon aux dragons, bien qu'ils eussent partagé sa vie à l'armée, n'avaient marqué aucune incrédulité particulière et avaient fêté de bon cœur la nouvelle héroïne[1]. Le baron de Breget, ancien capitaine au régiment d'Autichamp et qui avait fait campagne avec lui sur le Rhin, lui écrivait quelques mois après la métamorphose :

A Paris, le 26 janvier 1778.

Puis-je me flatter d'exister encore dans le souvenir de mon ancien et aimable camarade, il y a bien longtems que je désire m'y rappeler et renouveler et cultiver son amitié. J'habite huit mois de l'année la campagne et le reste soit à Versailles où je suis attaché, soit à Paris où je loge rue du Vieux-Colombier vis-à-vis la rüe Cassette avec une très honeste moitié qui sera aussi empressée que moy de recevoir mon aimable camarade. Il n'y a que huit jours que je suis revenu de la campagne et je me hatte de faire demender à mon aimable camarade la permission de l'aller chercher et lui présenter mes nouveaux homages.

Je supplie très respectueusement Mlle d'Éon de me laisser embrasser très franchement et de tout mon cœur mon ancien camarade dragon.

Le Baron DE BREGET.

Son ancien colonel, le marquis d'Autichamp, lui écrivant quelques mois plus tard pour lui annoncer qu'il avait pris, sur sa

---

1. Le cas d'ailleurs, quelque extraordinaire qu'il fût, n'était pas inouï et sans précédents. Une lettre adressée à M. d'Éon en 1778 par le baron de Castille relate l'histoire d'une femme qui avait servi dans un régiment de dragons et voulait à ce titre se faire présenter à l'illustre chevalière :

« Madame de Laubespin vous parlera du dragon-fille du régiment de Belzunce, il est encore venu ce matin chez moy, il a le plus grand empressement de vous être présenté et je suis convaincu qu'il vous intéressera ; il a 27 ans, il a près de cinq pieds cinq pouces, une figure agréable, de très beaux cheveux et bien plantés ; il est bas officier aux Invalides et porte les marques de vétérance. M. le duc d'Aiguillon lui donna les deux épées en croix quand il eut été recognu, et il le fut à l'occasion d'un coup d'épée qu'il avait reçu à la hanche, il fut présenté au feu roy, qui lui fit beaucoup de questions, il fut présenté au feu roy par M. le prince de Beauveau à la chasse de Fontainebleau. »

Il semble du reste que l'aventure de l'illustre chevalière ait tourné la tête de plusieurs femmes. D'Éon dans ses papiers a composé tout un dossier des lettres que lui écrivirent des « filles de la plus grande taille », désireuses de « changer leur sexe en apparence » afin de pouvoir s'engager et servir à l'armée.

recommandation, un ancien gendarme comme bas officier dans son régiment, terminait sa lettre sur cette galante déclaration d'estime et d'attachement :

Adieu, donnés-moy quelquefois de vos nouvelles, elles m'intéresseront toujours, je vous ay été fort attaché en qualité de capitaine de dragons, la nouvelle forme que vous avés prise n'a jamais été un tort vis-à-vis de moy et quoiqu'elle m'impose la loi de vous respecter beaucoup plus, elle ne m'ôte pas le plaisir de vous aimer et c'est, je vous assure, avec empressement que je vous offre l'assurance de ces deux sentimens.

Et en effet le curieux billet que trois ans plus tard le marquis d'Autichamp envoyait à d'Éon à propos de la mort du comte de Broglie montre combien les relations étaient restées étroites entre le colonel et l'ex-capitaine.

Paris, 12 novembre 1781.

Je pense entièrement comme vous, Mademoiselle, sur la perte du comte de Broglie, je la regarde comme fâcheuse pour son pays (qui ne l'appréciait pas) et affreuse pour sa famille qui ne s'en relèvera pas, il en étoit l'âme, et luy de moins fait à touts égards une énorme différence; ses enfants sont bien traités, mais vous connaissés ce pays-cy où l'on oublie aisément les services passés.

Mandés-moi de vos nouvelles. Mme d'Autichamp, qui se rappelle toujours la réception qu'elle a eu le plaisir de vous faire, n'a pas moins d'impatience que moi d'en recevoir. Ne manquez point de m'avertir quand vous pourrez venir à Paris, afin que je profitte avec empressement des occasions que j'espère que vous me donnerez de causer avec vous et de vous renouveller, Mademoiselle, les assurances de mon bien fidèle attachement.

D'AUTICHAMP.

D'Éon était alors exilé à Tonnerre, ses incartades et ses provocations à la famille de Guerchy lui ayant même valu un emprisonnement de deux mois au château de Dijon. Il s'y rongeait et, quelque soin qu'il prît de l'entretenir, sa popularité extraordinaire lui laissait un regret amer de son ancienne existence. Les visites même qu'on lui faisait ou les fêtes qu'on lui offrait le distrayaient moins qu'elles ne réveillaient sa fièvre d'aventures. Il recevait des lettres comme celle-ci :

Joigny, le 12 juin 1781.

Mademoiselle,

Si j'osois me flatter que vous conservés encor pour moy un peu de cette amitié prétieuse dont vous m'avez honoré par des témoignages publiques lors de votre passage à Joigny, je vous demanderois la permission d'aller vous rendre mes hommages à Tonnerre et à titre d'ancien camarade d'y conduire quelques officiers supérieurs ou distingués du régiment de Languedoc-Dragons qui sont ici en quartier, lesquels désirent ardemment de faire votre connoissance. Ce régiment fut de brigade avec nous le jour du passage du Veser où vous eutes une commission dangereuse. Si vous n'approuvez pas que nous fassions le voyage de Tonnerre, car ces messieurs m'ont chargé de vous demander votre agrément, daignés me faire sçavoir si vous passerés bientôt à Joigny afin que Mme la comtesse de Machaut-d'Arnouville, femme du colonel, qui a aussi grande envie de voir *l'héroïne* des dragons saisisse cette occasion qu'elle est bien fâchée d'avoir manqué à Paris, où un soir elle devoit souper avec vous.

Pardonnés-moy s'il vous plaît la liberté que je prends, mais je suis si flatté d'avoir servi avec la chevalière d'Éon que dans toutes les occasions où j'entends parler de vous, ce qui arrive souvent, j'en tire la plus grande gloire.

Je suis avec les sentiments d'admiration, de respect et d'attachement, Mademoiselle, votre très humble et très obéissant serviteur.

DESFOURNEAUX,
Ancien lieutenant de dragons.

Deux mois plus tard, les officiers du même régiment Languedoc-Dragons l'invitent en corps à venir à Joigny prendre part à la fête qu'ils offrent à la femme de leur colonel. — D'Éon répond au comte d'Osseville, chef d'escadron et secrétaire du régiment :

A Tonnerre, le 23 août 1781.

J'ai reçu hier, Monsieur, avec la sensibilité d'un jeune cœur femelle enté sur celui d'un vieux capitaine de dragons l'invitation pleine d'honnêteté et d'agrémens que vous m'avez fait l'honneur de me proposer tant en votre nom qu'à celui de tous vos Messieurs. Il m'eût été bien doux et bien agréable d'aller me ranger sous les guidons de Languedoc le jour de la fête que vous avez préparée à Mme la comtesse d'Arnouville qui en ne laissant enchaîner son cœur que par son mari a néanmoins le talent rare de captiver l'hommage de tous les dragons et de tous ceux qui ont le bonheur de la connoître. C'est bien à mon grand regret et chagrin que je suis forcée de rester chez moi à cause d'une espèce de coup de soleil que j'ai attrapé sur la tête en faisant construire une terrasse sur le bord de la rivière d'Armençon par les grandes chaleurs que nous avons eu il y a huit jours. Je suis entre les mains des médecins et désolée de ce contre-tems. J'ai trop bonne opinion et du régiment du Languedoc et de moi-même, Monsieur, pour aller le jour même de votre fête vous présenter un vieux dragon sans tête. Attendez, je vous supplie, qu'elle se soit un peu remise, alors vous me trouverez bien empressée à répondre à l'honneur de vos invitations. J'espère bien qu'après votre fête et la revue de l'inspecteur vous aurez le tems et l'occasion de venir dans quelques châteaux du voisinage de Tonnerre et que cela vous donnera celle ou à quelques-uns de vos Messieurs de venir passer quelques jours chez Mlle d'Éon, qui se fera toujours honneur de recevoir de son mieux ses anciens compagnons.

Je vous prie instamment d'être auprès de M. et de Mme la comtesse d'Arnouville et de tous vos Messieurs de Languedoc tant en général qu'en particulier le fidel interprète de mes regrets sensibles en cette occasion.

J'ai l'honneur d'être avec les sentimens de la plus haute considération et du plus parfait attachement que j'ai voué à tous les dragons et que je vous dois en particulier, Monsieur, votre, etc., etc.

Mais en dépit de ces fêtes, de ces visites, de la volumineuse correspondance qu'il entretenait avec toutes sortes de gens curieux de se mettre en relations avec un personnage aussi énigmatique, d'Éon s'ennuyait fort à Tonnerre et ne s'accommodait guère de manger paisiblement sous des habits de femme la petite pension que lui faisait le roi. Le regret lui restait de sa vie d'aventures : la guerre d'Amérique lui avait paru une occasion favorable pour la reprendre, et, dès l'ouverture des hostilités contre l'Angleterre, il avait écrit aux ministres pour demander à reprendre l'épée, les suppliant de ne pas s'inquiéter d'un sexe qui ne l'avait jamais empêché de « faire son devoir à l'armée comme aux Ambassades » et les assurant qu'il « sauroit vaincre ou mourir ».

Il avait sollicité son ancien chef, le comte de Broglie, d'appuyer

sa requête, mais celui-ci, à qui les intrigues de la politique secrète et les affaires d'Éon en particulier n'avaient jamais valu que
des ennuis, ne s'était pas soucié de s'occuper de lui. Il lui avait
même reproché — avec un peu d'ingratitude, car d'Éon n'avait
cessé de lui rester fidèle et de le défendre en des moments diffi-
ciles — d'avoir cité son nom :

J'ai reçu, Mademoiselle, lui écrivait-il, la lettre que vous vous êtes
donné la peine de m'écrire hier et la copie de celle à M. de Sartine.
Je vous observerai sur celle-ci, quoique je rende bien justice aux mo-
tifs qui vous ont dicté ce qui me regarde, qu'il eût été mieux sans
doute de n'y pas parler de moi.

Je désire que vous obteniez la permission que vous demandez, mais
j'en doute beaucoup. J'espère en ce cas que vous ne ferez jamais rien
qui puisse annoncer la moindre résistance aux volontés du Roy. Soyez
persuadée, je vous prie, des sentimens avec lesquels je suis on ne peut
plus parfaitement, Mademoiselle, votre très humble et très obéissant
serviteur.

Le Comte DE BROGLIE.

Les ministres pensaient comme le comte de Broglie ; ils ne dé-
siraient rien tant que de n'entendre plus parler de d'Éon et étaient
trop heureux que son nouveau sexe réduisît la « chevalière » à
mener une vie calme dans la retraite de sa petite ville natale.
Aussi lui fit-on dire qu'elle ne devait compter sur la protection et
la faveur du roi qu'autant qu'elle se tiendrait tranquille et renon-
cerait sincèrement à vouloir reprendre une existence que les lois
et les mœurs lui interdisaient désormais de mener. D'Éon dut
s'incliner, mais ne se tint pas pour battu ; il avait toujours été fertile en expédients et, puisqu'on l'empêchait de combattre en personne, il trouverait tout de même moyen d'illustrer encore son
nom dans la campagne qui commençait. Il n'irait pas à la guerre,
mais s'y ferait représenter et ce qu'il imagina pour combattre ainsi
par procuration fut d'armer une frégate qui porterait le nom de *la
Chevalière-d'Éon.*

Le *Journal de Paris,* dans ses numéros du 8 décembre 1780 et
du 8 janvier 1781, publia les lettres échangées entre MM. Le Sesne,
armateurs à Paris, et Mlle la chevalière d'Éon. Ces messieurs solli-
citaient par leur première lettre qu'il leur fût permis de faire por-

ter le nom de l'illustre chevalière à l'un des deux bâtiments qu'ils armaient à Granville pour faire la course aux dépens des Anglais ; cette frégate était « déterminée pour être armée de 44 canons de 18 et 24 livres de balle en batterie et 14 de 8 livres sur ses gaillards, 18 obusiers et 12 pierriers, avec un équipage de 450 hommes choisis et sous le commandement en chef, ainsi que de toute l'expédition, d'un capitaine distingué par son expérience et sa réputation ».

« Il suffira certainement, Mademoiselle, ajoutaient MM. Le Sesne et Cie, de présenter un nom aussi recommandable aux amateurs de cette entreprise, pour que chacun d'eux s'efforce de participer à la gloire qui l'accompagne et se remplisse de l'esprit qui vous anime pour l'avantage et le bonheur de l'État. »

La réponse de d'Éon à cette flatteuse requête était écrite sur le ton d'une dignité fière et protectrice :

Paris, le 2 décembre 1780.

J'ai reçu ce matin, Messieurs, la lettre que vous m'avez fait honneur de m'écrire hier, pour donner mon nom à la frégate de 44 canons que vous faites construire à Grandville et qui est déjà fort avancée dans sa construction.

Je suis trop sensible à l'honneur que vous voulez bien me faire et trop pénétrée des sentimens patriotiques qui animent votre génie, votre zèle et votre courage pour le service du Roi, contre les ennemis de la France, pour ne pas, en cette occasion, faire tout ce que vous désirez de moi, afin de contribuer promptement et efficacement au but salutaire et glorieux de vos désirs.

Je connois aussi, Messieurs, tout le soin que vous apportez pour le choix d'un excellent capitaine de vaisseau, celui d'officiers expérimentes et des braves volontaires qu'ils prendront. Avec ces sages précautions, de l'économie dans votre finance, et une grande audace dans le combat, votre entreprise doit être couronnée de succès.

Mon seul regret dans ma position présente est de n'en être ni compagne, ni témoin ; mais si mon estime particulière peut accroître votre zèle, les étincelles de mes yeux et le feu de mon cœur doivent naturellement se communiquer à celui de vos canons à la première occasion de gloire.

J'ai l'honneur d'être, avec tous les sentimens distingués que vous méritez à si juste titre, etc.

Signé : La Chevalière d'Éon.

MM. Le Sesne firent paraître, en même temps que cette réponse, une nouvelle lettre où, en exprimant à l' « héroïque chevalière » toute leur reconnaissance pour le précieux patronage qu'elle daignait leur accorder, ils déclaraient qu'ils ne sauraient trouver un meilleur témoignage de leur gratitude que de soumettre à Mlle d'Éon le choix du capitaine, des officiers et des volontaires de la frégate qui devait porter son nom.

A la suite de cette lettre, parut une nouvelle réponse de d'Éon, empreinte de cette humilité qui sied aux héros :

Paris, le 15 décembre 1780.

J'ai à répondre, Messieurs, à la nouvelle lettre dont vous m'avez honorée le 4 de ce mois.

Si j'avais prévu les conséquences qui résultent de la réponse que j'ai cru devoir faire à votre demande gracieuse de nommer une de vos frégates, je me serois bien gardée d'accepter cet honneur. Les louanges que cette déférence m'attire de votre part donnent de mes talens et de mon mérite une idée qui ne peut s'accorder avec l'opinion que je dois en avoir.

Quant au choix du capitaine de vaisseau, des officiers et volontaires qui désirent se distinguer sur votre armement, je crois, Messieurs, qu'il suffit d'ouvrir à nos marins et à nos militaires une carrière de gloire et d'utilité au Gouvernement, pour les voir s'y présenter en foule et acheter aux dépens de leur fortune et même de leur vie le droit de la parcourir ; en sorte que je regarde ce choix bien plus difficile à faire par le grand nombre de concurrents que par le mérite et le courage : qualités naturelles à tous les militaires françois, que je suis plus dans le cas d'applaudir et d'imiter que de juger.

Il ne manqua pas, en effet, de gens en quête d'aventures pour solliciter un poste sur la *Chevalière-d'Éon*. Les papiers de d'Éon contiennent nombre de lettres de ce genre ; l'une des plus curieuses est celle d'un avocat de Tonnerre ; elle montre que le bruit avait couru que la chevalière elle-même s'embarquerait sur le vaisseau qui porterait son nom :

Tonnerre, le 20 janvier 1781.

Mademoiselle,

Non contente d'avoir donné votre nom au vaisseau corsaire qui va courir les mers sous vos auspices, on prétend que vous voulés vous

EXTRAIT
DU JOURNAL DE PARIS,

Du Vendredi 8 Décembre 1780, & du Lundi 8 Janvier 1781.

LETTRE

DE M^{rs}. LE SÉSNE ET COMPAGNIE,

Négocians & Armateurs, à Paris, rue Bailleul,

A Mademoiselle la Chevaliere D'EON (1).

MADEMOISELLE,

Paris le 1er Décembre 1780.

ENCOURAGÉS par les marques d'intérêt & de bonté que vous donnez depuis long-temps à l'un de nous, & que vous daignez étendre aujourd'hui en faveur de notre Société, que vous avez trouvée toute occupée de l'armement de deux frégates à Grandville, oserons-nous, en considération du zèle qui nous anime dans cette entreprise pour le soutien du Commerce, solliciter celui que vous fîtes éclater dans tous les temps pour la gloire de S. M. & pour la prospérité & l'accroissement de ce même Commerce, en vous suppliant de nous permettre de faire porter votre nom à la première & la plus forte de ces deux frégates, déterminée pour être armée de 44 canons, dont trente

---

(1) Mlle. d'EON DE BEAUMONT, Chevalier de l'Ordre Royal & Militaire de Saint Louis, ancien Capitaine de Dragons & des Volontaires de l'armée de Broglie, Ministre Plénipotentiaire de France en Angleterre, &c. &c. &c.

FAC-SIMILE

DE LA PREMIÈRE PAGE DE L'EXTRAIT DU JOURNAL DE PARIS.

même partager ses périls et sa gloire ; notre jeunesse tonnerroise pétille de courir les mesmes hazars. J'ay huit enfans, vous le scavés, et parmy eux trois fils qui brûlent de se signaller. Le second surtout qui vous est connu par nombres de fredaines voudroit occuper une petite place sur le navire ; je vous l'offre en qualité de volontaire pour combattre l'ennemy ou comme petit pilotte pour la conduite du bâtiment. Choisissez-luy le poste que vous croirez luy mieux convenir, je le remettray à votre discression.

Si ma proposition vous convient, faites-moy la grâce de me marquer, Mademoiselle, sous quelles conditions et à quel port il doit se rendre, et dans quel tems, les provisions et équipages dont il aura besoin, votre réponse déterminera son départ.

J'ay l'honneur d'être avec respect, Mademoiselle, etc.

De Courtive, avocat.

Malheureusement, l'argent des actionnaires n'affluait pas rue Bailleul, chez MM. Le Sesne et Cie, en la même abondance que les demandes d'engagement. Un extrait du *Journal de Paris,* contenant les lettres échangées entre les armateurs et Mlle la chevalière d'Éon, avait été lancé sous forme de prospectus et adressé à toutes les personnes susceptibles de s'intéresser à l'entreprise. La vignette même, représentant la *Chevalière-d'Éon* entourée de vaisseaux ennemis et faisant feu de ses deux bords, ne décida pas les souscripteurs et l'entreprise dut être abandonnée. Pareille tournure d'un si beau projet ne faisait pas l'affaire de ceux à qui d'Éon avait déjà distribué des emplois sur sa frégate. Un certain « mestre de camp de dragons », qui signe seulement de son initiale et qui avait été choisi pour commander le bâtiment, lui écrivait, le 14 juillet 1781, de Granville, où il s'était avisé d'aller surveiller les préparatifs de l'expédition :

L'armement de la *Chevalière d'Éon,* ma très ancienne et très loyale amie, ne prend pas cette tournure que j'aurois desiré pour vous, pour M. Le Sesne et pour moi, malgré tous les mouvemens que je me suis donnés et que je ne cesse de me donner, par la seule reconnoissance que je vous conserve d'avoir été la première à engager cette société à m'offrir le commandement des volontaires que l'on voudroit destiner à cet armement et que j'accepterai toujours avec plaisir, si ladite société reste déterminée à diriger les opérations de cet armement au delà du Cap de Bonne-Espérance et dans les parties dont nous avons parlé vous et moi, et où je vois aujourd'hui porter le théâtre de cette guerre que l'on auroit dû faire à nos ennemis.

Je ne dois point vous cacher, mon ancienne amie, que ce vaisseau qui doit porter votre nom n'existe encore que dans l'imagination de M. Le Sesne, qu'il n'y a pas sur le chantier à Granville un pied de bois sur quille destiné à la construction de ce vaisseau. Il est bien vrai que M. Le Sesne avoit fait acheter une portion de bois destiné *ad hoc* qui n'ayant pas été payée, a été saisie, et pour éviter les suites désagréables il a été envoyé dernièrement ici un certain M. Agaste pour arrêter les poursuites et l'on vient de lui adresser mille écus qui proviennent de M. de Varanchan de Saint-Genié, neveu de MM. de Varanchan et de Chalut, fermiers généraux, qui à mon occasion et sans mon avis, a lié une espèce de société avec M. Le Sesne, qui plus fin que lui, ne demandoit pas mieux.

Mais tout cela ne fait pas et ne fera pas construire le vaisseau *la Chevalière d'Éon*. J'ai fait sentir à M. Le Sesne toutes mes craintes à ce sujet, et en même temps je lui ai proposé d'achetter de M. Roy de Chaumont son vaisseau *le Breton*, ci-devant le *Fitz-James*, vaisseau de la Cie des Indes de 5o. J'en parlai même à M. le marquis de Castries qui m'apprit que ce vaisseau étoit mauvais voilier, que cette raison l'avoit empêché de le joindre à la marine du Roy et j'ajoutai à ce ministre, de l'agrément et autorisé de cette nouvelle société, que j'irois à Londres pour achetter de lord Sandwich un vaisseau de la même force auquel l'on donneroit votre nom.

A cette proposition le ministre me fit diverses représentations et j'insistai à ce que je venois de dire en y ajoutant que j'irois en Angleterre comme marchand et qu'à cet égard je ne devois rien craindre en ne me meslant de rien autre.

Les choses dans cet état, je vous prie de me marquer avec cette sincérité que je crois être en droit d'exiger de notre ancienne amitié si vous croyez ce projet possible et quels sont selon vous tous les moyens de cette possibilité, et s'il y en a quelqu'une si vous pourriez en même temps me recommander à quelqu'un de vos amis, étant bien assurée de leur solidité.

Au reste tout ceci est de vous à moi : je vous en donne ma parole d'honneur et j'exige la vôtre que tout ce contenu restera enseveli dans vos entrailles.

L'affaire engagée par MM. Le Sesne et Cie échoua donc faute d'argent et d'Éon se vit réduit à licencier le personnel qu'il avait engagé pour combattre sous ses couleurs ; l'idée toutefois ne fut pas perdue et quelques mois plus tard d'autres armateurs, MM. Charet et Ozenna, de Nantes, donnèrent le nom de *Cheva-*

lière-d'Éon — un nom qui leur parut sans doute symboliser l'audace heureuse et fertile en expédients — à l'un des vaisseaux qu'ils armèrent pour convoyer les marchandises échangées, malgré la guerre navale, avec les colonies françaises de l'Amérique et de l'Inde.

D'Éon ne semble pas s'être mêlé de cette nouvelle entreprise, l'insuccès de la première l'ayant sans doute découragé; il était du reste tout occupé à négocier avec la Cour pour obtenir la permission de retourner en Angleterre, permission qui lui fut accordée en 1784. Il regagna la ville de Londres, qu'il avait laissée sept ans auparavant tout occupée encore de sa retentissante querelle avec le comte de Guerchy; mais il y vécut désormais tranquillement, entretenant les meilleures relations avec l'ambassade de France et vivant presque dans l'intimité du chargé d'affaires, le sage et prudent Barthélemy.

Calmé par la longue série de ses aventures et sans doute aussi par le nombre de ses années (il n'avait alors pas moins de 56 ans), il se contentait de jouir des satisfactions d'amour-propre que lui valait sa célébrité, racontant avec plus d'humour que de fidélité son existence aventureuse, écrivant beaucoup sur toutes sortes de sujets et recevant, à ce qu'il semble, plus de lettres encore qu'il n'en envoyait. Quelques-unes étaient faites pour le flatter singulièrement, celle-ci, par exemple, que lui transmettait M. Deschamps, lieutenant des maréchaux de France, un de ses compatriotes de Tonnerre, qui l'avait lui-même reçue d'un capitaine d'artillerie, son cousin :

Je vous prie de présenter mes hommages à Mlle la chevalière d'Eon; nous avons souvent parlé d'elle; l'un des lieutenants a une épée qui vient d'elle et qui fait des miracles, il l'a eu après la mort d'un officier à qui elle en avoit, dit-on, fait présent; quoi qu'il en soit, elle est excellente et vous en allez juger.

Un officier des gardes hollandoises est entré dans la légion; quinze jours auparavant il avoit eu dispute au billard avec un de ses camarades hollandois... entré chez nous on lui dit que les François ne laisseroient point sans suites une pareille discussion, qu'il étoit à propos qu'il se battit sitôt que sa main qu'il avoit eu blessée à l'exercice seroit guérie... Le jour arrivé on lui remit l'épée venant de Mlle d'Éon, en lui

disant que cette épée devoit lui donner de l'assurance ; effectivement
il donna deux grands coups d'épée à son ancien camarade hollandois,
et un troisième perça une coquille d'argent et la traversa de plusieurs
lignes ; j'ai vu le fait, il est certain. Notre nouveau camarade ne fut
point blessé. L'épée a servi plusieurs fois, toujours elle a été victo-
rieuse...

L'anecdote consacrait la gloire de d'Éon ; la figure de la nouvelle héroïne était désormais entrée dans la légende à la suite de
celles de Jeanne Hachette et de Jeanne d'Arc ; les armes qu'elle
avait portées servaient de fétiches et de porte-bonheur aux jeunes
officiers.

Sa renommée, du reste, ne s'éteignait point aux frontières de
la France ou même aux rivages du vieux monde ; elle brillait jusqu'en Amérique et sa célébrité politique le disputait à sa gloire
militaire. Un citoyen de Philadelphie lui écrivait à la fin de l'année
1784 :

Mademoiselle,

L'estime que les grands charactères ont toujours eu les uns pour les
autres m'a fait croire qu'une tête de notre digne général, M. Washing-
ton, ne vous seroit pas désagréable. Le rang que vous avez si digne-
ment acquis aux armées d'un grand et puissant monarque, vous met
à portée de juger des actions militaires et de déclarer si notre commandant en chef n'a pas mérité dans toutes les crises de la guerre
l'amour et la reconnaissance d'un peuple généreux et libre.

Comme vous vous amusez quelquefois sans doute à lire et à exami-
ner les constitutions de différents pays, les nôtres sont peut-être, par
hazard, tombés entre vos mains. Si j'osai prendre la liberté, je vous
en aurois demandé vos sentimens là-dessus. Ce n'est pas nécessaire de
vous dire combien il me sera flatteur de recevoir de vos lettres, et le
jugement d'une personne aussi renommée dans la politique ne peut
qu'être utile à une nation si nouvellement entrée dans sa carrière.

Persuadé que vous voudrez bien me pardonner d'avoir interrompu
vos occupations, je vous prierai de vouloir bien vous servir de moi, si
toutefois il y auroit quelque chose dans ce pays-ci qui pourra mériter
votre attention.

En vous assurant très humblement de mon respect, j'ai l'honneur
d'être, Mademoiselle, etc...

Signé : Fox.

La Révolution ranima l'ardeur guerrière et les instincts aventureux de d'Éon ; en dépit de son âge, il sollicita de l'Assemblée législative, puis de la Convention, par les adresses les plus pressantes, sa réintégration dans l'armée. « Son cœur, écrivait-il, se révoltait contre sa coiffe et ses jupes. » Mais la République ne semble pas avoir fait grand cas de cette vierge guerrière de soixante et quelques années ; la Convention passa purement et simplement à l'ordre du jour sur la requête de la chevalière d'Éon qui, du reste, en raison de son titre et de son éloignement de la France (où le manque d'argent l'avait empêchée de rentrer), se trouva portée sur la liste des émigrés.

Mais si d'Éon sollicita vainement la République d'accepter ses services, il fut par contre vivement pressé lui-même de se rallier au parti du roi et de rejoindre à l'armée de Coblentz ces émigrés parmi lesquels la Convention ingrate l'avait inscrit [1]. Il reçut d'un des royalistes fidèles qui avaient suivi les princes au delà des frontières la curieuse lettre suivante :

A Tournay, le 23 novembre 1791.

Seroit-il possible, ma très chère héroïne, que vous tardiez plus longtemps à vous réunir à toute la noblesse françoise qui se rassemble depuis Coblentz jusqu'à Houdenarde : au moment où je vous écrit il ne reste plus en France que les vieux nobles infirmes et les enfants ; que diront tous les autres s'ils ne vous voyent pas arriver soit à Tournay, où je suis, ou bien à Mons, Ath, Bruxelles et Coblentz ? Oui, ma chère héroïne, si vous tardés beaucoup, vous n'arriverez donc qu'après le temps où vous pouvez acquérir beaucoup de gloire, et alors tous les braves chevaliers françois vous diroient comme Henry Quatre à Crillon : Pend toy, brave Crillon. Beaucoup qui sont surpris de ne pas vous voir où le vray honneur conduit, et dans le nombre de ceux qui ne vous connoissent pas, il en est qui disent que vous estes démagogue : sur ce mauvais propos j'ay mis la main sur l'épée que vous m'avez fait faire et leur ay dit que je leur répondois sur ladite arme que je tenois de vous qu'avant peu ils vous verroient, et que si cela n'étoit pas, ladite

---

1. D'Éon, en effet, dès qu'avait éclaté la Révolution, avait manifesté le plus grand enthousiasme pour les nouveaux principes. Il avait planté à Londres dans le jardin d'une maison amie un arbre de la liberté, tenté de fonder une sorte de club et prononcé devant les Français « patriotes » qu'il avait pu réunir un discours enflammé dont il envoya copie à l'Assemblée.

épée vous seroit renvoyée avec une quenouille. Je ne vous dis pas cela, ma chère héroïne, pour vous exciter, parce que je vous crois trop bien pensante pour avoir besoin de l'estre, mais bien pour vous assurer que je suis et veux estre votre chevalier envers et contre touts.

En arrivant à Coblentz où je vais, adressé-vous à M. de Preaurot, mon amy, auquel les princes ont donné leur confience pour recevoir tous ceux qui arrivent. Oui, ma chère héroïne, avant peu tout ce qui est de gens honestes ne resteront en France que parce qu'ils ne peuvent pas faire autrement, à cause de leurs infirmitées et de leur mauvaise fortune ; il en est beaucoup au secours desquels viennent ceux qui le peuvent. Oui, je pense que nous voilà au moment que vous pourez effacer la pucelle d'Orléans : quelle gloire pour notre bonne ville de Tonnerre d'où l'on m'a marqué que l'on s'attendoit des bons principes qui sont en vous que vous n'abandonneriez pas la cause de l'honneur.

Et plus bas d'une autre écriture :

La Baronne de l'autre monde ne peut rien ajouter au stil du brave chevalier qui écrit cette lettre que le désir qu'elle a de voir arriver son héroïne ; elle la prie d'adresser sa réponse à M. Nazorel poste restante à Tournay où elle sera bien reçü.

D'Éon a écrit en marge de cette lettre qu'il n'y a fait aucune réponse. Mais en vain évitait-il de se compromettre avec les royalistes et les aristocrates, le loyalisme de ses sentiments républicains ne lui valut pas le rétablissement par la Convention de la pension que lui faisait la Royauté et dont les quartiers ne lui étaient plus payés depuis 1790. Privé de son unique ressource, repoussé par sa patrie, d'Éon dut traîner en Angleterre une existence besogneuse et se vit réduit, pour gagner quelque argent, à tirer dans des assauts publics contre les meilleurs escrimeurs de l'Angleterre l'épée dont n'avait pas voulu la République.

Lorsque, vers 1750, il était tout jeune avocat au Parlement de Paris, occupé à écrire, pour se faire remarquer, d'érudits traités d'histoire ou d'économie politique, d'Éon s'était déjà distingué par une grande habileté dans l'art fort estimé de l'escrime ; il ne fit que développer cette science des armes au cours de sa vie aventureuse et durant sa carrière à l'armée ; aussi jouissait-il en Angleterre, sur la fin de sa vie, d'une véritable renommée de bretteur.

En dépit de son âge et des vêtements féminins que, par une extraordinaire fidélité à son rôle, il s'obstina à porter pendant trente-trois ans, il soutint avec succès contre le fameux Saint-Georges plusieurs assauts publics auxquels assista toute l'aristocratie de Londres ; le prince de Galles présida même l'une des séances à Carlton-House, et plusieurs gravures anglaises ont fixé le souvenir de cette curieuse solennité.

Mais son grand âge lui interdit bientôt de jouer ce dernier rôle et de gagner encore à la pointe de son épée changée en fleuret de quoi finir décemment une existence si traversée. Recueilli par pitié dans la maison d'une famille anglaise, New-Wilman Street, 26, il vécut d'expédients et de l'argent que de temps en temps le gouvernement anglais lui faisait passer, jusqu'au 21 mai 1810. La mort vint alors mettre fin à cette longue et curieuse aventure qu'avait été la vie du chevalier d'Éon[1], et en même temps découvrir la mascarade qu'il jouait depuis trente-trois ans avec une fidélité et une application extraordinaires. L'autopsie faite sur le cadavre de l'illustre « chevalière » aussitôt après sa mort permit de constater qu'il n'y avait jamais eu qu'un chevalier d'Éon étrangement habile à mystifier ses contemporains, autant par goût peut-être et par fièvre de célébrité que par nécessité d'aventurier.

Par une singulière coïncidence, il se trouvait alors à Londres un ancien camarade de d'Éon aux dragons ; il fut recherché et écrivit sur le procès-verbal d'autopsie la déclaration suivante :

Je déclare avoir connu la soi-disant Mlle d'Éon, en France et en Angleterre, et avoir servi dans la même compagnie en qualité de capitaine de dragons au régiment d'Harcourt, en même temps que la soi-disant demoiselle d'Éon servoit aussi comme lieutenant au régiment de Caraman, en 1757[2], et qu'ayant été appelé pour identifier sa figure depuis sa mort, j'ai reconnu la même personne du chevalier d'Éon et que l'on m'a fait voir son corps à découvert.

Londres, 68, Dean street sh. 24 mai 1810.

Le Comte DE BÉHAGUE,

Lieutenant-général.

---

1. Il était âgé de quatre-vingt-trois ans.

2. Il y a évidemment là une confusion. En 1757, d'Éon figurait bien sur les cadres de l'armée, puisque c'est le 2 août de cette année-là que le roi Louis XV lui accorda un brevet de lieutenant de dragons ; mais il était encore au service diplomatique et ce ne fut, nous l'avons vu, qu'en 1761 qu'il prit part effectivement dans l'armée de Broglie aux opérations militaires. Cette petite erreur de mémoire du comte de Béhague est du reste fort explicable à cinquante-trois ans de distance, et ne peut nullement, croyons-nous, infirmer la valeur du témoignage.

C'est sur cette curieuse déposition d'un des rares témoins de toute la carrière aventureuse de d'Éon et du seul peut-être de ses anciens camarades aux dragons encore vivant en 1810, que doit s'arrêter cette esquisse, non de la vie du chevalier, mais de l'un des aspects de son étrange destinée.

Dic mihi Virgo ferox, cum sic tibi Cassis et hasta
Quare non habeas ægida ? Cæsar habet.
Pax est fœminei generis dat fœmina pacem
Quæ Bellona fuit nunc Dea pacis erit

NANCY, IMPRIMERIE BERGER-LEVRAULT ET Cie.

www.ingramcontent.com/pod-product-compliance
Lightning Source LLC
Chambersburg PA
CBHW061327060726
47596CB00003B/1123